"Estoy a favor de los derechos de los animales, así como lo estoy de los derechos humanos. Es esta la forma de ser del humano completo."
—Abraham Lincoln

"Nuestra tarea debe ser liberarnos… ampliando nuestro círculo de compasión para abrazar a todas las criaturas vivientes y la totalidad de la naturaleza y su hermosura."
—Albert Einstein

"Con respecto a los animales, no solo tienen vida, sino también sentimientos de placer y dolor. Debemos tratar sus vidas con respeto."
—Su Santidad, el Dalai Lama

"La grandeza de una nación puede ser valorada por la manera en la que trata a sus animales."
—Mahatma Gandhi

"La naturaleza enseña a las bestias a reconocer a sus amigos."
—William Shakespeare

"El amor por todas las criaturas vivientes es el atributo más noble del ser humano."
—Charles Darwin

"El mejor médico del mundo es el veterinario: él no puede preguntarles a sus pacientes qué les pasa. Simplemente lo tiene que saber."
—Will Rogers

Other books in the **When I Grow Up I Want To Be...** children's book series by Wigu Publishing:

**When I Grow Up I Want To Be...**in the U.S. Army!
**When I Grow Up I Want To Be...**a Teacher!
**When I Grow Up I Want To Be...**a Firefighter!
**When I Grow Up I Want To Be...**in the U.S. Navy!
**When I Grow Up I Want To Be...**a Veterinarian!
**When I Grow Up I Want To Be...**a Nurse!

**Cuando Crezca Quiero Ser...**¡soldado del Ejército de EE.UU.!

Look for these titles in the When I Grow Up I Want To Be... children's book series soon:

**When I Grow Up I Want To Be...**a Good Person!
**When I Grow Up I Want To Be...**a World Traveler!
**When I Grow Up I Want To Be...**a Race Car Driver!
**When I Grow Up I Want To Be...**a Police Officer!
**When I Grow Up I Want To Be...**Green!
**When I Grow Up I Want To Be...**a Rock Star!
**When I Grow Up I Want To Be...**in the U.S. Air Force!

Please visit www.whenigrowupbooks.com for more information.
Please like us at www.facebook.com/whenigrowupbooksbywigu.

## ¡veterinaria!

¡El sueño de Sofía se hace realidad!

Wigu Publishing | Sun Valley, ID

Copyright © 2015 by Wigu Publishing, LLC
Illustrations copyright © 2015 by Wigu Publishing, LLC

All rights reserved. No part of this publication may be reproduced, distributed, or transmitted in any form or by any means, including photocopying, recording, or other electronic or mechanical methods, without the prior written permission of the publisher, except in the case of brief quotations embodied in critical reviews and certain other noncommercial uses permitted by copyright law. For permission requests, please write to the publisher at the address below.

Library of Congress Control Number: 2015901801
ISBN 978-1-939973-12-2

When I Grow Up I Want To Be… is a registered trademark of Wigu Publishing, LLC. The word Wigu and the Wigu logo are registered trademarks of Wigu Publishing, LLC. The words When I Grow Up… and Cuando Crezca Quiero Ser… are trademarks and/or registered trademarks of Wigu Publishing, LLC.

Wigu Publishing is a collaboration among talented and creative individuals working together to publish informative and fun books for our children. Our titles serve to introduce children to the people in their communities who serve others through their vocations. Wigu's books are unique in that they help our children to visualize the abundant opportunities that exist for them to be successful and to make a difference. Our goal is to inspire the great leaders and thinkers of tomorrow.

First edition, paperback, 2015
10 9 8 7 6 5 4 3 2 1

Quantity sales: Special discounts are available on quantity purchases by corporations, associations, promotional organizations, and others. For details, please contact the publisher at

Wigu Publishing
P.O. Box 1800
Sun Valley, ID 83353
inquiries@wigupublishing.com

Please visit our website at www.whenigrowupbooks.com for more information.

Proudly printed and bound in the United States of America.

# El juramento del veterinario

Habiendo sido admitido a la profesión de la medicina veterinaria, juro solemnemente utilizar mis conocimientos y habilidades científicos en beneficio de la sociedad, protegiendo la salud y el bienestar de los animales, evitando y aliviando el sufrimiento de los animales, conservando los recursos animales, fomentando la salud pública y contribuyendo al progreso del conocimiento médico.

Ejerceré mi profesión con conciencia y dignidad, manteniendo los principios éticos de la medicina veterinaria.

Acepto el compromiso de por vida de mejorar de manera continua mis conocimientos y aptitudes profesionales.

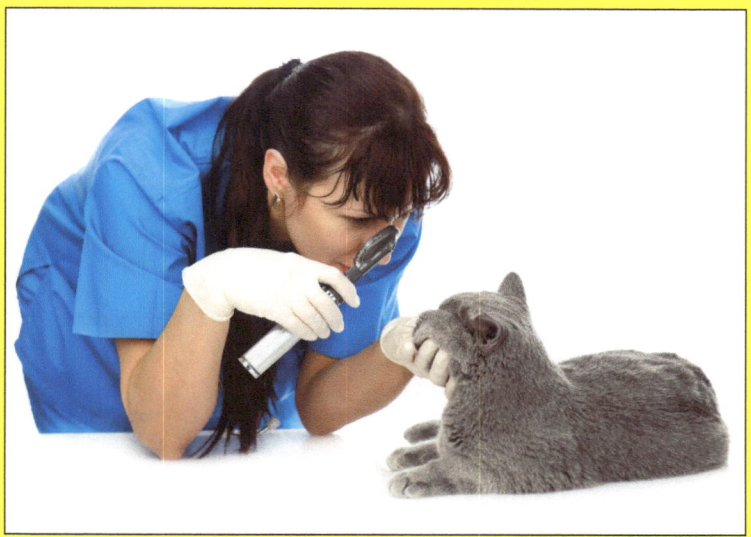

El sueño más grande de Sofía es tener una mascota propia. Una noche lluviosa, llega un visitante inesperado que podría convertir su deseo en realidad… ¡si su mama tan solo dijera que sí!

La respuesta siempre había sido "no".
Y siempre lo dijo en serio.

Sofía quería una mascota. Pero cada vez que se lo pedía a su mamá, la respuesta era: "No. ¡Y lo digo en serio, Sofía!"

Sin importar las veces o las formas en las que lo pidiera, la respuesta seguía siendo un "no".

Algunas veces, su mamá decía simplemente, "No." A veces decía, "¿Ya no te he dicho que no?" Y a veces era, "¿Otra vez, Sofía?"

Pero la respuesta siempre era "no".

Y lo decía en serio.

Pero Sofía quería una mascota desesperadamente, y sin importar cuántos "no" recibiera, no dejaba de pedir o soñar con una mascota propia.

¡Pensaba en los animales todo el tiempo: los animales de la selva, del bosque, del mar y de las montañas!

En la escuela, aprendió sobre las personas que viajaban por todo el mundo para aprender sobre los animales. Pasaba horas enteras mirando los carteles de animales que tenía en su habitación. Coleccionaba animales de peluche que compartían la parte superior de su tocador con sus trofeos de fútbol y figuritas de ángeles.

Sofía amaba a los animales. Quería cuidar a todos los animales del mundo. Su papá dijo que había obtenido esa parte de su personalidad de su madre.

¡Otra cosa que había obtenido de su madre era un "no" cada vez que le pedía una mascota!

"Sofía, sé que quieres una mascota, pero debes informarte sobre el tipo de animal que quieres. Debes aprender a cuidar de manera correcta a una mascota. ¡Es una responsabilidad enorme! El simple hecho de querer tener una mascota no es motivo suficiente para tenerla", dijo mamá. "No creo que estemos listos todavía. Una mascota no nos conviene ahora. Quizás más adelante. Ya veremos."

Para Sofía, "más adelante" no parecía muy prometedor, hasta que una noche pasó algo mágicamente mágico.

Llovió.

Sofía miraba cómo caía la lluvia. A su padre le gustaba decir que llovía a cántaros, pero muchas veces había oído otro dicho en inglés: que llovía gatos y perros. *Sé que es tan solo un dicho, pero desearía que fuera realidad. ¿Tal vez un solo gato?* pensó.

Sofía miraba desde su habitación del segundo piso mientras la lluvia nocturna fría caía hacia abajo por el cristal de la ventana y formaba charcos en el jardín. Entonces, a través de la lluvia, creyó ver algo que corría de prisa a través del jardín hacia el patio trasero. Un momento después, estaba segura.

Era un gato.

La criatura estaba muy mojada y no se veía en buen estado, pero era un gato sin duda. Para Sofía, ¡parecía ser exactamente la mascota que siempre había querido!

Sofía bajó la escalera corriendo. Cuando abrió la puerta trasera, el ruido asustó al gato. Sofía se quedó mirando mientras el gato regresaba corriendo a la oscuridad. Sofía estaba sola otra vez, contemplando la soledad de la noche.

En ese mismo momento, su mamá gritó, "Sofía, ¿por qué está abierta la puerta de atrás? ¿Qué haces?"

"Hay un gato ahí afuera, bajo la lluvia, en medio del frío", respondió Sofía.

Su hermano, Diego, se acercó y dijo, "Pues, ¿a dónde fue? ¿Estás segura de haber visto un gato o solo estás soñando otra vez?"

"¡Lo asusté cuando abrí la puerta!" Sofía quería llorar.

"Tal vez regrese", sugirió Diego.

"Sin duda está abandonado", dijo mamá, mirando por la ventana de la cocina. "La gente debería ser más responsable con sus animales. Hay demasiados animales no deseados corriendo sueltos."

"No puedo creer que alguien no quiera a una mascota", dijo Sofía.

"Es triste, pero verdad", dijo mamá.

Sofía esperó vigilando hasta la hora en que tuvo que acostarse. Sin importar cuánto mirara, el gato no regresó esa noche, a pesar de que la noche se volvió más fría y la lluvia empeoró.

*Mucha lluvia. Pero sin gatos ni perros,* pensó Sofía.

Susurró a la noche, "¿Dónde estás, gatito? Si lo deseo con todas mis fuerzas, tal vez regreses."

La siguiente tarde, desde el jardín trasero, Sofía oyó un gemido débil, apenas un "miau".

*¡Ya sabía! ¡Ya sabía! ¡Sabía que volverías! ¡Esta vez, no te asustaré! ¡Te voy a cuidar!* prometió Sofía, más que todo a sí misma. Fue de prisa a la cocina. Puso algunas sobras de la cena en un tazón de plástico azul, el mismo que utilizaba de pequeña. Luego, Sofía colocó el tazón con cuidado en el patio, se alejó un poquito y esperó.

Lenta y cautelosamente, el gato se acercó al tazón, lo olió y luego se puso a comer con avidez. Entre bocados, el gato alzó la mirada hacia Sofía. Cada vez que lo hacía, Sofía sonreía al gato. Cuando terminó su comida, maulló mucho más fuerte que antes.

"¡Shhhh!" dijo Sofía. "Alguien te va a oír."

En ese mismo momento, apareció mamá. Miró al gato mientras salía corriendo de regreso hacia la noche. Luego, mirando el tazón vacío, mamá dijo, "Déjame adivinar… ¿Le diste comida a la gata?"

"Sí", dijo Sofía. "Tenía hambre. ¡Pero no permití que entrara!" Luego se dio cuenta. "¿La gata? ¿Es una gata?" preguntó Sofía. *¡Sería mejor aún!*

"Es posible", dijo mamá. "Hija, espero que no le hayas dado leche. Puede enfermar a un gato. Y ella no se ve muy bien como está ahora."

"¿De veras? ¿Estás preocupada por la gata?" preguntó Sofía.

"Estoy preocupada porque si le das comida, volverá todas las noches para comer más. No queremos eso."

*Es justo lo que quiero,* pensó Sofía.

La siguiente noche, dejó de llover. Y como era de esperar, ahí estaba la gata, buscando comida, pero sin verse mucho mejor.

"¿Qué voy a hacer contigo?" Sofía le preguntó a la gata.

Diego se acercó y preguntó, "¿Vas a darle comida otra vez? A mamá no le va a gustar eso."

Luego, llegó mamá a la puerta trasera. "Sofía, ¿qué voy a hacer contigo? ¡Y mírala… pobrecita! Se ve triste."

"De verdad", dijo Diego.

Papá se acercó y solo asintió con la cabeza.

"¿Puedo quedarme con Samanta?" preguntó Sofía.

"Entonces, yo también podré tener una mascota, ¿verdad?" preguntó Diego.

"¡Esperen un momento! ¡Uno a la vez! ¿Quién es Samanta? ¡No me digas que ya le has puesto un nombre a esa gata! ¿Y cómo sabemos que es una hembra?" preguntó mamá. Se enterró la cara en las manos. Sofía no podía saber si su mamá estaba riendo, llorando, enojándose o las tres cosas.

"Estoy casi segura de que es una gata. ¿Puedo por lo menos darle comida, por favor?" suplicó Sofía.

"Bueno, supongo que no hay nada malo en darle algo de comida a la pobrecita", dijo mamá "Pero de esta noche en adelante, basta de sobras."

*¿Qué va a ser de Samanta si no puedo darle comida?* Sofía se preguntó preocupada.

"Entonces, ¿eso significa que no vamos a tener mascotas?" preguntó Diego.

"Lo que quería decir era basta *de las sobras*", respondió mamá. "Si algún día vas a tener una mascota, debes aprender a cuidarla responsablemente, y eso comienza con la comida correcta. Le vamos a comprar alguna comida para gatos. Será mejor así."

Sofía preguntó, "¿Regresará mañana?"

Su mamá sonrió. "Si sigues dándole comida a esa gata, nunca se irá." Mamá se agachó junto a Samanta y la examinó de cerca.

*"Nunca" sería maravillosamente maravilloso*, pensó Sofía.

"No sé", dijo mamá. "Hay algo en esta gata que no parece del todo bien."

Papá miró a la gata y dijo, "Si parece enferma, la deberíamos llevar a ver nuestra amiga la Dra. Helen. Es veterinaria."

Los médicos de animales se llaman veterinarios. Algunos veterinarios tratan a una variedad de animales, mientras que otros solo tratan a tipos específicos. Existen veterinarios para los animales del hogar, de las granjas y de los zoológicos, además de los animales salvajes. Pueden ayudarte a escoger la mascota indicada y asegurar que sepas cuidarla en la forma correcta.

"No sé", mamá volvió a decir.

"Pues, no podemos dejarla así, mojada y enferma. Si no está sana, realmente deberíamos llevarla a la veterinaria", dijo papá.

"Ya dejó de llover. Está seca", dijo mamá. Pero luego, con un suspiro dijo, "Está bien."

"¡Ya vámonos rápido!" gritó Diego. "¡Antes de que mamá cambie de opinión!"

Todos rieron.

Papá sacó una caja de cartón del clóset del pasillo. Con cuidado, colocó a Samanta en la caja, y toda la familia viajó en auto hasta el consultorio de la Dra. Helen. Samanta maullaba sin parar.

"Solo tiene miedo porque nunca ha andado en auto", dijo Sofía.

Diego preguntó, "¿Cómo sabes? Puede ser que alguien la haya traído hasta aquí en auto y la haya abandonado."

"Lo sé", dijo Sofía.

En la sala de espera de la Dra. Helen, Sofía estudió un cuadro en la pared con toda clase de gatos. Encontró uno con la cola como la de Samanta y otro con sus orejas, pero ninguno exactamente como Samanta. *Samanta no es como ningún otro gato del mundo,* pensó Sofía.

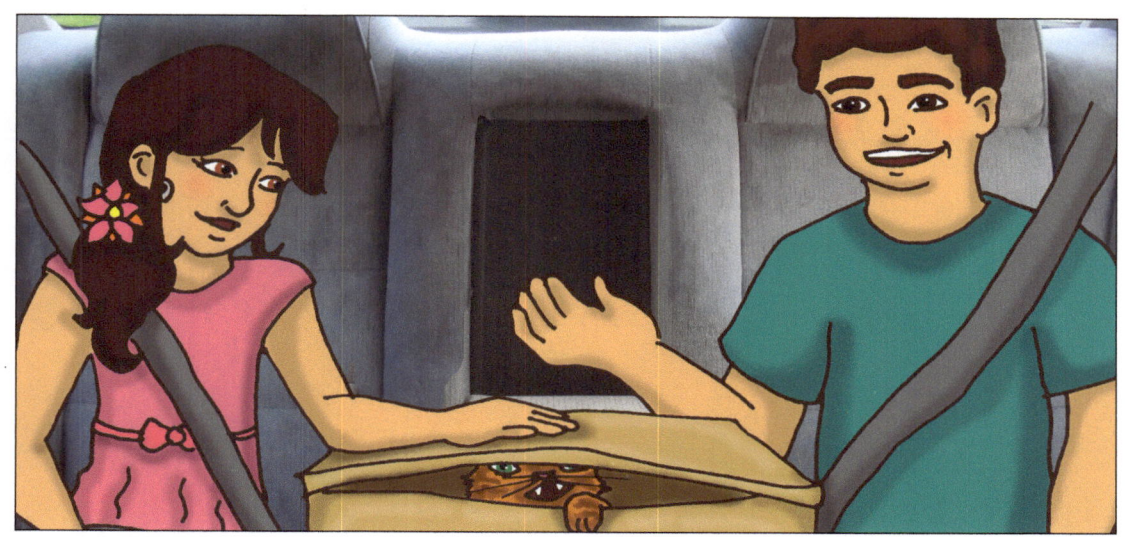

Cuando llegó la Dra. Helen, mamá se encargó de hablar con ella. "Queremos que revise a Samanta para asegurarnos de que está bien."

"Por supuesto", dijo la Dra. Helen. "Entremos en el consultorio."

Sofía miraba todos los carteles y diagramas en el consultorio. *Son iguales que los del consultorio de mi médico, excepto que son de animales*, pensó.

"¿Piensa que Samanta va a estar bien? ¿Es una gata?" preguntó Sofía.

"Bueno, a ver. ¿Está abandonada?"

"Ya no", dijo Sofía. La Dra. Helen sonrió.

"Bueno, sí es una hembra", dijo la Dra. Helen.

Sofía pensó, *¡Ya lo sabía!*

"Primero lo primero", dijo la Dra. Helen. "¿Ves este instrumento? Es un lector de microchip. Los amos responsables de gatos y perros hacen que se implanten pequeños microchips en sus mascotas para que podamos saber si pertenecen a alguien."

"¿Qué dice?" preguntó Sofía, conteniendo la respiración.

"No hay chip. No hay amo registrado", dijo la Dra. Helen.

Sofía se alegró de corazón. "¡Es porque ahora soy yo!" dijo.

La Dra. Helen se puso el estetoscopio en los oídos para escuchar el corazón de Samanta.

Diego preguntó, "¿Trata usted a todo tipo de animales?"

"En este consultorio, principalmente a los animales pequeños. Dejo que mi marido, el Dr. Karl, trate a los grandes. Mi puerta no es lo suficientemente grande para las vacas y los caballos", dijo bromeando.

La Dra. Helen colocó a Samanta en una pequeña báscula plana y la pesó.

Sofía se preguntó, *¿Los chequeos de animales son como los míos? ¿Cómo pesan a un elefante? ¿Qué pasa cuando una jirafa tiene dolor de garganta? ¿Y cómo miran adentro de la boca de un león? ¡Suerte con eso!*

**Muchos veterinarios se especializan en pequeños animales domésticos.** Los perros y los gatos son los animales más populares en los hogares. Estos animales de compañía suelen ser considerados como parte de la familia. Los animales que han aprendido a vivir junto a los humanos se llaman domesticados.

"¿Al Dr. Karl le gustan los animales de granja porque creció en una granja?" preguntó Sofía.

"Sí, creció en una granja en California con caballos, mulas, burros y vacas. Pero le gustan todos los animales."

"Los granjeros tienen muchos animales", dijo Sofía.

La Dra. Helen sonrió. "Asegurar que todos los animales estén sanos es un trabajo importante porque compartimos nuestro planeta con ellos. Los animales nos proporcionan protección, compañerismo y algunos de los alimentos que necesitamos para vivir. Piensa en las vacas, por ejemplo. Queremos que nuestras vacas estén sanas para que nuestra leche sea segura para hacer quesos, batidos y helados. Un helado hecho de la leche de una vaca enferma puede enfermarte."

**Los veterinarios especializados en animales de granja se consideran veterinarios de animales grandes** (aunque algunos de sus animales no son tan grandes). Estos veterinarios mantienen sano al ganado domesticado, como las vacas, las ovejas y los caballos. A menudo viajan largas distancias. Trabajan en graneros, campos y prados, en todo tipo de climas, para tratar a sus pacientes.

Sofía dijo, "Me encantan los caballos bebés. Los ponis son tan adorables."

"Sí, los ponis son preciosos", dijo la Dra. Helen. "Los caballos bebés, también. Por supuesto que sabes que no son lo mismo."

"Lo sé", dijo Sofía, pero en realidad no estaba segura.

Los veterinarios de caballos y animales parecidos se llaman veterinarios equinos. En vista de que los caballos son muy distintos a los demás animales domesticados, necesitan cuidados especiales. Los veterinarios se capacitan para atender las necesidades propias de la salud de los caballos y otros animales equinos, tales como los burros y las cebras.

"¿Los veterinarios de animales grandes cuidan también de animales como los elefantes e hipopótamos?" preguntó Diego.

"¡Sí! Hoy en día, también hay veterinarios que se especializan en animales salvajes", explicó la Dra. Helen.

Los veterinarios de vida silvestre trabajan con los proteccionistas y zoólogos para ayudar a todo tipo de criaturas de la naturaleza, tanto en la tierra como en el agua. Los veterinarios de vida silvestre también tratan a los animales del zoológico. A veces, sus tareas incluyen rescatar a los animales. Ayudan a los animales heridos a sanarse para que puedan ser devueltos a su hábitat natural. Los veterinarios de vida silvestre también ayudan a cuidar y proteger a las especies en peligro de extinción.

"Fui a la universidad con algunos veterinarios que se capacitaban para tratar a los animales marinos, como las nutrias de mar, los delfines y las ballenas", continuó la Dra. Helen. "Solían ser personas que habían crecido cerca del mar o de los ríos. Muchas veces habían visto animales marinos heridos y afligidos, y querían saber cómo ayudarlos.

**Los animales marinos,** que incluyen mamíferos y aves, suelen sufrir a causa de desastres naturales, enfermedades y problemas ocasionados por los humanos, como por ejemplo, los derrames de petróleo. Los centros de rescate de animales, los refugios y las áreas protegidas juegan un rol muy importante para mantener a los animales sanos y salvos.

"Apuesto a que existen millones de animales que cuidar", dijo Sofía.

"Más de lo que se puede imaginar", dijo la Dra. Helen. "Recuerda que la mayor parte de la Tierra está cubierta de agua, y que queda mucho del planeta por explorar. Existen animales que nadie ha visto aún y que tal vez nunca verá."

Se calcula que existen 10 millones de especies distintas de animales en la Tierra. Desconocemos un 90 por ciento de las especies que comparten este planeta con nosotros. Además de los animales sin descubrir, millones de nuevas especies aparecen cada año, mientras que otras enfrentan la extinción. Si uno se convierte en científico veterinario o explorador, puede descubrir un animal nuevo… ¡y luego puede nombrarlo!

"Apuesto a que es genial tener tantos animales que cuidar. ¿Cómo sabe la manera de tratar a cada uno?" preguntó Sofía.

"Asistí a la escuela veterinaria para aprender todo sobre los diferentes tipos de animales y la manera de cuidarlos. Aprendimos cómo se comportan los animales y qué tratamientos son mejores para cada uno.

"Tú puedes decirle a tu médico dónde te duele, si tienes dolor de barriga o de garganta. Los animales no. Los veterinarios tienen que seguir muchas otras pistas para diagnosticar, o sea determinar si un animal está sano o si algo lo está molestando. Así es que este es un gran factor que hace que nuestro trabajo sea distinto al de un médico regular", dijo la Dra. Helen.

"¡Vaya! Nunca lo pensé de esa forma. ¡Usted es como detective de animales!" dijo Diego.

**Convertirse en veterinario** requiere de muchos estudios. El veterinario promedio empieza con un título universitario de cuatro años en un tema como Biología, Química o Ciencia Animal, simplemente como preparación para asistir a la escuela de Medicina Veterinaria.

La escuela veterinaria es como la escuela médica, excepto que los estudiantes veterinarios estudian a los animales. Los estudiantes veterinarios aprenden en aulas y laboratorios, y también mediante un amplio trabajo de campo. Después de cuatro años de arduo trabajo, se gradúan como Doctores de Medicina Veterinaria (DVM, por sus siglas en inglés).

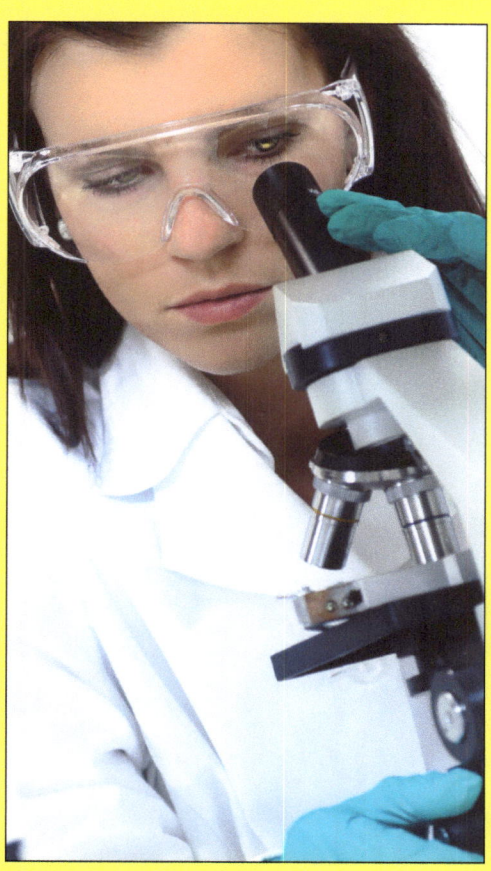
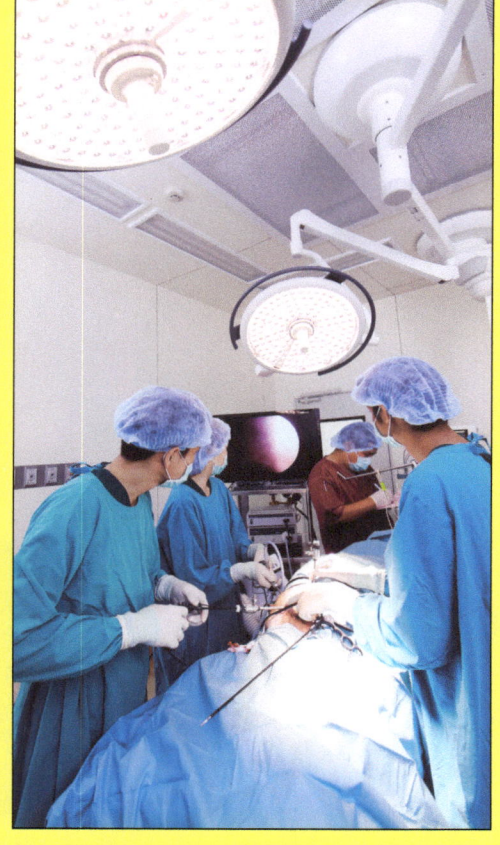

La Dra. Helen volvió a utilizar su estetoscopio, esta vez para escuchar a Samanta por la espalda y la panza. "Hmmm", dijo con una sonrisa. "¿Sabes? Es maravilloso ser veterinaria y asegurar que las mascotas estén sanas y bien cuidadas. Son los momentos como estos en los que haberme convertido en veterinaria me hace realmente feliz."

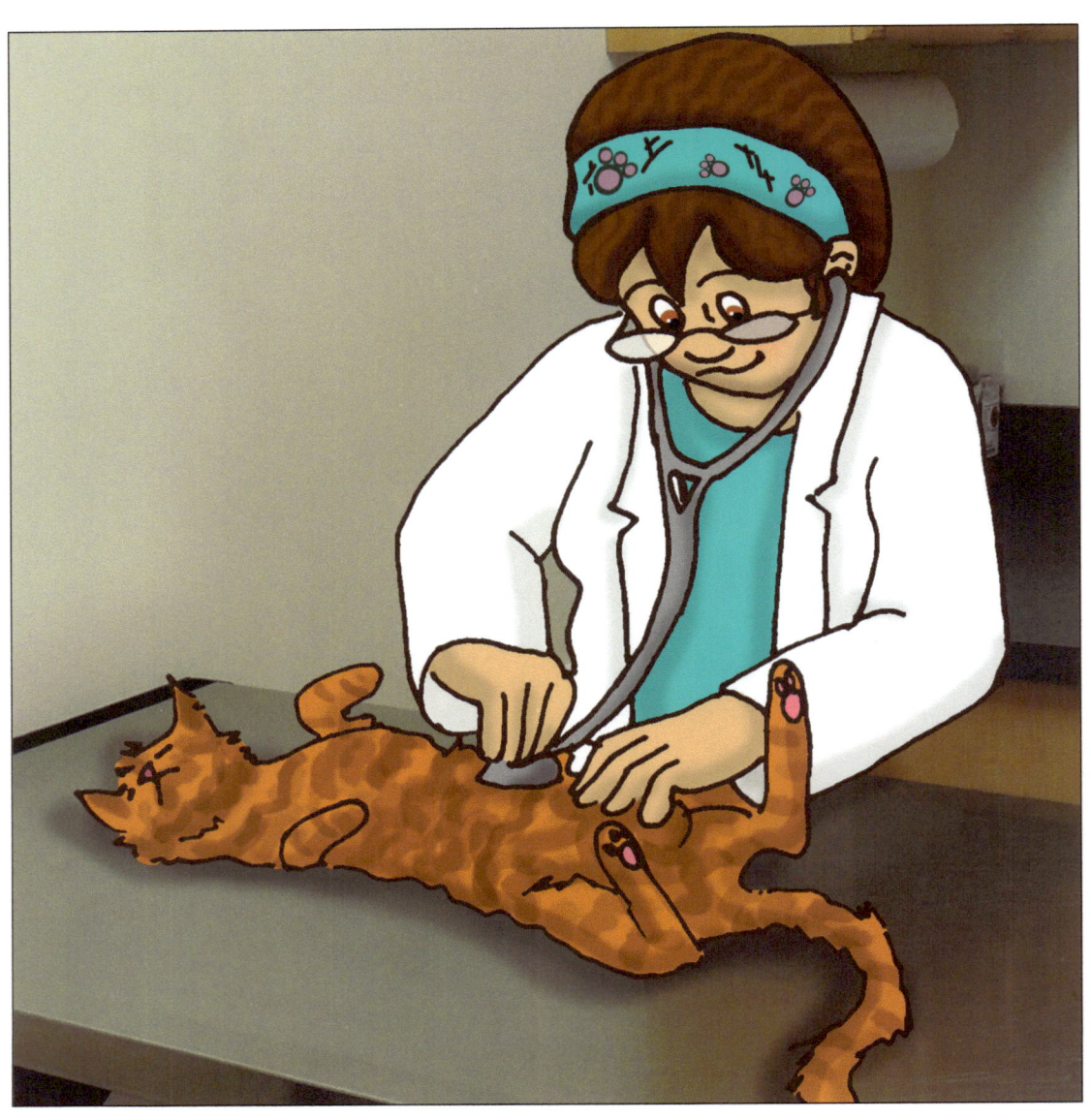

"¿Por qué se convirtió en médica de animales?" preguntó Sofía.

"Siempre amé a los animales y quería cuidar a tantos como pudiera. Realmente disfruto ayudando a los animales", respondió la Dra. Helen.

"Yo también", dijo Sofía.

Mientras seguía examinando a Samanta un poquito más de cerca, la Dra. Helen dijo, "Trato a muchos gatos, no solo los abandonados, como el tuyo. Son mascotas muy populares."

*Samanta no está abandonada, ya no,* pensó Sofía.

"Son buenas mascotas, y las personas a menudo tienen más que uno", continuó la Dra. Helen.

Sofía y Diego se sonrieron uno al otro.

Los gatos son la mascota más popular del mundo. Los gatos se sienten contentos y cómodos viviendo con la gente. Ofrecen cariño y compañerismo.

A lo largo de la historia, han existido gatos de todo tamaño, forma y color, desde el pequeño Munchkin hasta el gigantesco gato prehistórico, el tigre dientes de sable.

Es probable que los gatos fueran recibidos en los hogares por primera vez en la época de los egipcios antiguos, hace alrededor de 3.000 años. Los gatos impedían que los roedores accedieran a los abastecimientos de grano. También cazaban las serpientes peligrosas, incluidas las cobras. Los egipcios antiguos valoraban tanto a los gatos que los adoraban como dioses.

"¿Cuida a más gatos que perros?" preguntó Sofía, mirando un cartel de perros.

"Muchos más perros que gatos, pero amo a ambos por igual. Cada animal tiene un carácter y una personalidad distintos. Cuando escoges una mascota, deberías asegurarte de que sea una que puedas cuidar y con la cual puedas vivir un largo tiempo. El amo y la mascota deben hacer buena pareja."

"Como Samanta y yo", dijo Sofía. "¡Somos una pareja perfecta!"

Es posible que los perros fueran el primer animal de compañía del ser humano, hace alrededor de 33.000 años. Los científicos creen que todos los perros evolucionaron del lobo gris hace millones de años.

Los humanos primitivos descubrieron que los perros resultaban útiles para la caza porque sus sentidos de la vista, el oído y el olfato son muy agudos. Los perros también ofrecían protección y compañerismo al humano primitivo, de la misma forma que lo hacen hoy en día.

La Dra. Helen seguía examinando a Samanta detenidamente. "Los huesos de tu gata parecen estar bien. No creo que sea necesario sacarle placas. ¿Sabes? Algunos animales no tienen huesos, y otros tienen esqueletos por fuera, como una armadura."

"¿Por fuera, como un caracol?" preguntó Sofía. "¿O sin huesos, como una medusa?"

"Exacto", dijo la Dra. Helen.

Luego, la Dra. Helen miró adentro de la boca de Samanta y dijo, "Sus dientes se ven bien."

Eso motivó que Sofía preguntara, "¿Hay también dentistas de animales?"

"¡Sí! Existen especialistas veterinarios para casi todas los partes de los animales, incluidos los dientes. Las mascotas domésticas necesitan de cuidados dentales regulares, al igual que tú y yo."

"¿Cómo se limpian los dientes de un animal salvaje, como un león o un tigre?" preguntó Diego.

"Con mucho cuidado", dijo la Dra. Helen, riendo de su propia broma. "Incluso los animales sin dientes pueden morder."

Sofía pensó en eso y dijo, "Es cierto. Los pájaros no tienen dientes, ¿verdad?"

"Hasta dónde sepa, no", dijo la Dra. Helen.

Los pájaros o aves también pueden ser compañeros amigables. Muchos pájaros, especialmente las aves de bandadas, crecen bien con los cuidados y atenciones apropiados.

Las palabras "aviar" y "aviario" significan "de ave" o "como un ave". Los veterinarios que cuidan a las aves se llaman veterinarios aviares.

También existen veterinarios que aprenden a tratar a los animales exóticos, como las serpientes, los hurones, los hámsteres, los peces ¡e incluso las tarántulas!

"Cuando sea grande, voy a ser veterinaria. Me muero por cuidar a muchos animales", dijo Sofía.

"Puede que no tengas que esperar mucho", dijo la Dra. Helen. "Samanta no está enferma en absoluto. Tu gata está por convertirse en mamá. Va a tener gatitos."

"¿Qué?" exclamó Sofía. "¿De veras? ¿Gatitos? ¿Cuándo?"

"Muy pronto. Está de parto ahora mismo", dijo la Dra. Helen. "Tendrá sus crías aquí, donde podamos vigilarlas."

Sofía no podía creerlo cuando, unos minutos más tarde, Samanta dio luz a cuatro gatitos. Cada uno era más precioso que el otro, todos con los ojos todavía cerrados.

"Parece que estos cuatro son todos", dijo la Dra. Helen.

"¿Ahora puedo quedarme con Samanta, por favor?" pregunto Sofía. "¡Te ruego… te suplico!"

Su mamá sonrió y se encogió los hombros. Miró a papá y dijo, "Bueno, supongo que Samanta ahora es tuya, Sofía. Creo que ha sido tuya desde que apareció en nuestro jardín trasero. Sé que serás buena con ella y que ella te hará bien."

"Creo que la Dra. Helen también puede darte algunas ideas sobre cómo cuidarla de la manera correcta", dijo papá.

"Con gusto", dijo la Dra. Helen. "Esa es una parte importante de mi trabajo."

"Muchas gracias, mamá", dijo Sofía. "¿De veras puedo quedarme con Samanta y tal vez uno de los gatitos también?"

"Si Sofía puede tener dos gatos, yo puedo quedarme con uno también, ¿verdad?" preguntó Diego.

"¿Por qué no? No creo que tengamos otra opción", dijo papá, riéndose mientras mamá asentía con la cabeza. De inmediato, Diego escogió el gatito que quería.

"Es un macho", dijo la Dra. Helen.

"¡Ahora debo pensar en el nombre!" exclamó Diego. "¿Qué tal Samuel?"

"¿Qué tal 'Copión'?" dijo Sofía.

Todos rieron, incluso la Dra. Helen.

"¡Muchas, pero muchas gracias!" repitió Sofía a su madre, su padre y a la Dra. Helen. "Samanta es maravillosa, ¿verdad?

"Cuando sea grande, quiero ser veterinaria. ¡Lo tengo decidido!" dijo Sofía. "Quiero aprender todo sobre los animales y tener toda clase de animales que cuidar y amar. Es genialmente genial, ¿no crees, mamá?"

La madre de Sofía dijo, "Sí."

Y lo dijo en serio.

### ¿Qué me ayudará a ser un buen veterinario?

***Me encantan los animales.***

Los veterinarios se dedican a proteger la salud y el bienestar de los animales. Los veterinarios aman a los animales y comprenden el valor que estos tienen en nuestras familias y en la sociedad.

***Soy buen estudiante.***

La persona que está interesada en la Medicina Veterinaria debería tener una buena capacidad de observación, y le debería gustar aprender. También es importante el fuerte interés en las Ciencias Biológicas.

***Sé escuchar y ayudar a la gente.***

Los veterinarios deben comunicarse con una variedad de personas. La compasión es esencial para el éxito, especialmente en el caso de los veterinarios que tratan con los amos, quienes forman fuertes vínculos emocionales con sus mascotas.

***Soy buen líder.***

Los veterinarios a menudo están encargados de negocios y empleados. Una buena capacidad de liderazgo contribuye a un mayor éxito en estos entornos laborales.

## Sé un amo responsable:

**Comprométete**
- Piénsalo bien antes de escoger una mascota.
- Selecciona una mascota que encaje bien con tu hogar y estilo de vida.
- Conserva solo el tipo y cantidad de mascotas a las que puedas ofrecer suficiente agua, comida, refugio, cuidado de salud y compañerismo.
- Comprométete con la relación por toda la vida de tu mascota.
- Proporciónale el ejercicio y estimulación mental apropiados.
- Socializa y adiestra a tu mascota de la forma correcta.

**Invierte**
- Entiende que tener una mascota requiere una inversión de tiempo y dinero.
- Procura que tu mascota reciba un cuidado de salud preventivo, además del cuidado en caso de enfermedad o lesión.
- Aparta dinero para las posibles emergencias.

**Respeta**
- Estando en la calle, siempre recoge los excrementos de tu mascota.
- Respeta todas las leyes locales, incluidas las relacionadas con licencias, correas y control de ruido.
- No permitas que tu mascota se extravíe o se convierta en salvaje.

**Identifica**
- Procura que tu mascota esté adecuadamente identificada con placas o un microchip, y mantén su registro actualizado.

**Limita**
- No contribuyas con el problema nacional de sobrepoblación de mascotas. Lleva tu mascota al veterinario o clínica para esterilizarla o castrarla.

**Prepárate**
- Prepárate para una emergencia o desastre incluyendo medidas de evacuación para tu mascota.
- Ten un plan establecido en caso de que ya no puedas cuidar a tu mascota.

# Cuando Crezca Quiero Ser...

## Wigu

## ¡veterinaria!

Sofía quiere cuidar a todos los animales del mundo. Pero su mamá no cree que Sofía esté lista ni siquiera para asumir la responsabilidad de tener una mascota. Lista o no, cuando llega un gato con hambre y apariencia enferma a la puerta trasera de su casa, Sofía responde. Cuando su mamá descubre a Sofía dándole comida al gato, se rinde y acuerda que una visita al veterinario les dirá si el gato está sano y si es la mascota perdida de alguien. Mientras la veterinaria les presenta a Sofía y los lectores el trabajo importante y variado de los médicos de animales, Sofía aprende cómo podría ayudar a toda clase de animales, ¡incluida una pequeña gata abandonada!

### Recomendaciones

"Este libro me trajo recuerdos de mi propia niñez. Si alguna vez su hijo dice, 'Quiero ser veterinario', este libro será un buen punto de partida en ese camino."—Dr. Peter Weinstein, Director Ejecutivo de la Asociación Médica Veterinaria del Sur de California

"Este libro es un resumen increíblemente impresionante de todas las posibles carreras en la medicina veterinaria. El cuento es divertido y educativo. Espero que inspire a que la nueva generación cuide a los animales del mundo."—Blythe Wheaton, Cofundadora y Directora Ejecutiva, The Pet Rescue Center

"Si su hijo ama a los animales como yo, ¡no deje de leer este libro!"—Dra. Silvia M. Colladay

"Cuando crezca quiero ser… ¡veterinaria! es un cuento instructivo sobre el cuidado ético de los animales que toda la familia disfrutará."—Candace Crespi, Sociedad de Preservación Oceánica

"¿Quién no quiere ser veterinario? A la edad de ocho, ya sabía que quería serlo. ¡Este habría sido mi libro favorito, el que habría leído una y otra vez!"—Dr. Karl E. Jandrey, Profesor Adjunto de Cuidado Urgente y Crítico de Pequeños Animales, Universidad de California, Davis

Wigu Publishing | Sun Valley, ID
www.whenigrowupbooks.com